불 속의 연꽃

화중련 편집 동인

| 머리글 |

불생불멸의 마음자리

 《화중련》은 2004년 11월 20일 '불생불멸의 마음자리 불 속의 연꽃인 시조'를 기치로 창간했습니다. 조계종 종정 성파 예하의 청재淸財에 힘입어 34호까지 펴내면서 한국시조문학사에 정론지로 기록되는 성과를 일구었습니다.

 우리는 스님의 뜻을 이어가기 위해 최선의 노력을 다했습니다. 기관지나 상업지와 달리 편집권을 보장받을 수 있었기에 필진을 엄선할 수 있었습니다. 우수 필진을 찾아내어 귀하게 예우하고 서운암 된장이라는 멋진 원고료를 전했습니다. 작품을 수록하고 싶어 하는 필진이 늘어났습니다. 재수록은 3년이라는 제한을 두었습니다. 형식에 맞지 않는 작품이나 편집

의도에 벗어나는 작품은 과감하게 제외했습니다. 숨어 있는 작가를 찾아내기 위해 힘과 지혜를 모았습니다. 시조 시인의 작품들은 빛이 났습니다. 재미있게 일을 하다 보니 18년이 훌쩍 지나갔습니다.

 2022년 10월 20일 18년간 34호를 펴낸 것으로 막을 내렸습니다. 《화중련》을 사랑해 주신 시조 시인과 독자 여러분께 미안한 마음을 전합니다. 시간은 흘러 어느덧 3년이 지나갔습니다. 우리는 아직도 문을 닫게 된 연유를 모릅니다. 알려고도 하지 않았습니다. 편집 동인들은 각자의 위치에서 왕성하게 작품활동을 했습니다. 진실은 우리의 편이라는 사실을 믿으면서 대의와 함께 움직이던 우리는 저간의 정의情誼를 기념하여 편집 동인 사화집을 발간하기로 했습니다. 이 작은 책자가 그 증표입니다.

 조계종 종정 성파 예하께 삼배의 예를 올리며, 좋은 작품으로 화답해 준 전국의 시조 시인과 독자 여러분께 감사의 인사를 드립니다. 고맙습니다.

2025년 8월
화중련 편집 동인 일동

차
례

머리글 — 2

김덕남

문워크moonwalk — 10

젖꽃판 — 11

냉이 — 12

변산바람꽃 — 13

거울 속 남자 — 14

위양못 — 15

긴꼬리딱새, 날개를 접을 때 — 16

김복근

달관 — 18

달빛 전화 — 19

말모이의 꿈 — 20

연못 그림 — 21

손톱 깎기 — 22

독거 연습 — 23

주인 주主 — 24

석성환

　　　　가을 아침 ― 26

　　　　소록도 ― 27

　　　　마당과 오후 ― 28

　　　　초승달 ― 29

　　　　모래시계 ― 30

　　　　찔레꽃 ― 31

　　　　물속 풍경 ― 32

손증호

　　　　먹자 시대 ― 34

　　　　요지경 ― 35

　　　　쓱싹 ― 36

　　　　사랑의 기울기 ― 37

　　　　서운암 장독대 ― 38

　　　　좌우지간에 ― 39

　　　　주객전도 ― 40

심석정

    세상에, 세상에 — 42

    서운암에 가면 — 43

    나도 꽃 — 44

    항아리 — 45

    하현 — 46

    물푸레나무를 읽다 — 47

    암각화를 열다 — 48

오영민

    언덕 — 50

    자목련 — 51

    나비가 꾸는 꿈 — 52

    묵은지 — 53

    오래된 시집 한 권 — 54

    냉이꽃 — 55

    갈매기의 꿈 — 56

우영옥

> 꽃의 자세 — 58
> 잊히는 날에 대하여 — 59
> 고마, 고마리 피듯이 — 60
> 움 — 61
> 물의 꿈 — 62
> 겨울, 변명 — 63
> '우리'라는 말 — 64

추창호

> 산노을 — 66
> 아름다운 공구를 위하여·2 — 67
> 그리움 — 68
> 풀꽃 마을 — 69
> 운명 — 70
> 길·4 — 71
> 손 — 72

하순희

    어머니 설법 ─ 74

    비, 우체국 ─ 75

    천주산 진달래꽃 ─ 76

    조장鳥葬 ─ 77

    지리산 일기 ─ 78

    팔만대장경 ─ 79

    로또 방송을 보며 ─ 80

평설

    시조미학, 의식이 있는 현상
    석성환 ─ 82

김덕남

문워크moonwalk

젖꽃판

냉이

변산바람꽃

거울 속 남자

위양못

긴꼬리딱새, 날개를 접을 때

경북 경주 출생. 2011년 《국제신문》 신춘문예 당선. 올해의시조집상, 이영도시조문학상 신인상, 오늘의시조시인상 등 수상. 시조집 《젖꽃판》《변산바람꽃》《거울 속 남자》《문워크moonwalk》, 현대시조100인선 《봄 탓이로다》

문워크 moonwalk 외 6

김덕남

껍질 벗은 날개들이 앞을 가듯 뒤로 간다
한 뼘의 유혹으로 발바닥 미끌리며
쿵 쿵쿵 심장을 돌려
꿈을 밟는 스텝 스텝

작열하는 일탈이다, 꽃들의 반란이다
쓰리디 영상 속을 거꾸로 들어가듯
골반의 지느러미로
크로스 크로스 퀵! 퀵!

중력을 거부하고 달빛 속 유영하듯
바닥을 몰아치면 절망도 날아가지
마법의 뒤꿈치 들고
별을 찾아 댄스 댄스

젖꽃판

병풍을 밀쳐놓고 홑이불 걷어내자
어머니 머뭇머뭇 내생을 가고 있다
아직도 못 내린 짐 있어 반눈 뜨고 나를 본다

남루를 벗겨내고 골고루 닦는 몸에
이생이 지고 있다, 달무리 피고 있다
젖꽃판, 갈비뼈 위에 낙화인을 찍는다

다섯 살 다 되도록 이 젖 물고 자랐다고
앞섶을 헤쳐보이며 빙그레 웃으시던
몽환 속 이어간 말씀, 꽃숭어리 벙근다

냉이

혀 같은 새순 나와

톱니가 되기까지

한생을 엎드린 채

푸른 별을 동경했다

서릿발

밀어 올리는

조선의 저 무명 치마

변산바람꽃

웃음을 가득 담은 솜털이 뽀송한 뺨
차마 손댈 수 없어 무릎 꿇고 맞는다
눈두덩 스치는 감촉
눈을 감을 수밖에

꺾일 듯 연한 숨결 지쳐 잠든 아가야
긴긴밤 바라보는 눈물을 보았느냐
한 삼 년 널 품을 수 있다면
귀먹어도 좋으련만

바람도 때로는 가슴을 벤다는데
매섭고 차가운 세상 헤집고 올라오다
변산의 어느 골짜기 잔설을 녹이려나

거울 속 남자

병목을 거머쥐고 그네가 들썩인다
날 수도 내릴 수도 외줄은 길이 없어
명치 끝 시린 절망을 바닥에다 쏟는다

말끔한 출근길에 인사도 깔끔하던
간간이 휘파람도 승강기를 타고 내려
거울 속 마주친 눈길 목련처럼 환했다

실직일까 실연일까 등이라도 쓸어줄 걸
맥없이 주저앉은 무릎 저린 시간 앞에
연초록 바람 한 잎이 어깨 위를 감싼다

위양못

젖내 문득 그리운 날 위양못 찾아간다

물속 하늘 날아가도 젖지 않는 백로 날개

높아서 더 깊어지는 새의 길이 보인다

신음도 진통제도 흘려보낸 못물 아래

푸드덕 깃을 치며 손 흔드는 고운 엄마

낮아서 더 넓어지는 물의 길을 읽는다

긴꼬리딱새, 날개를 접을 때

퉁퉁 부은 발등에 새끼를 올린 저녁
펼친 날개 반쯤 접어 빗줄기 막아냈다
까만 눈 밤을 밝히며, 심지 꼿꼿 세우며

뼛속을 비워내고 왔던 길 돌아갈 때
입안이 무겁다며 틀니도 빼버리자
척추 속 가득한 바람 저리도록 시렸다

꼬리만 깐닥깐닥 숨소리 잦아들고
울대도 굳어버려 침묵이 싸늘한 밤
새끼들 오종종 모여 부의금을 세었다

김복근

달관
달빛 전화
말모이의 꿈
연못 그림
손톱 깎기
독거 연습
주인 주主

1985년 《시조문학》 천료. 2015 세종도서 문학나눔, 2019 아로코 도서 선정. 경상남도문인협회장, 거제교육장 지냄. 시조집 《새들의 생존법칙》《밥 먹고 싶은 사람》, 동시집 《손이 큰 아이》, 산문집 《별나게 부는 바람》, 평론집 《언어의 정수, 그 주술력》《평화, 저 아득한 미로 찾기》, 번역집 《묵묵옹집》 등 18권. 한국문인협회 자문위원, 《문학인신문》 논설위원

달 관 외6

김복근

허둥대지 말거라
눈꿈뻑하모 지나간다

살다보모 다알끼다 한쪽귀로 흘리삐라

아부지
나이쯤되모 절로알게 될끼다

달빛 전화

고운 어둠 날개 달고 구순해진 목소리로
천주산 시인께서 달 보라며 전화했다
쉼표로 다가온 어조 깊은숨을 몰아쉰다

낮과 밤 경계에서
변치 않는 마음으로

조붓해진 능선처럼 빗장을 풀어놓고
물무늬 촉촉이 젖은 초사흘 달을 보며

과부하 걸린 시심 쉬어가라 손짓하듯
가로수 가장자리 빼쪼롬이 보인 얼굴
여유를 갖고 살아라. 묵언으로 다가온다

말모이의 꿈

자굴산 지맥 열고 남강물 어혈 풀어
만주 땅 상하이를 내 집마냥 드나들며
이 물고 지켜낸 우의友誼 하늘이 드높아라

저 멀리 안경 쓴 백산 선생 걸어오고
연이어 남저 선생 고루 선생 한뫼 선생
그믐밤 어둠 속에서 새살이 돋아났다

흩어진 골짝 말을 한 자 한 자 채록하다
온몸이 발가벗겨진 조선어 수난 사건
말모이 외길을 걸어 한류 바람 일궈냈다

피로 키운 야생의 꽃 해를 넘겨 피어나고
젖줄 같은 우리 말글 고을고을 뿌리내려
눈물이 빚어낸 별빛 누리 밝힌 얼이 된다

연못 그림

영축산 서운암에 살손 붙인 중봉연못
불립문자 긴 사연을 두 손으로 받자옵고
지당의 산그림자는 명상하듯 고요하다

세필 그린 나무초리 우듬지 바라보며
푸른 하늘 흰 구름은 무현금 바람 연주
찰나에 바뀌는 그림 진경산수 담아낸다

비스듬히 날아보는
일필휘지 새 한 마리

계면조 맑은 물에 부리를 닦으면서
조리개 노출 맞추어 짧은 노래 읊조리네

손톱 깎기

손톱에 꽃물 들이듯 웃자란 가지 위에
초승달 어여쁜 무늬 밀어를 새겨놓고
내 가는 손가락 위해 쉼 없이 일을 하다

심장의 가장 먼 곳 겨를 없이 살았지만

등 뒤에 스미는 어둠
날 선 정리 해고

때 되면 잘려야 하는 비정규직 운명이다

자유는 노동조합 깃발처럼 흔들리고
평등은 의무마냥 꽃들을 노래하지만
철 이른 구조 조정에 모체를 떠나간다

독거 연습

섬에 와서 혼자 사는 법을 배우고 익힌다
밥하고 청소하고 넥타이를 고른다
아내는 수혈의 자양 녓살처럼 흔들리고
어둡고 텅 빈 동굴 심지를 올려 봐도
숨 쉬는 건 오래된 시계와 풍란 한 촉
나 홀로 살아가기엔 호흡이 너무 길다
때 절은 옷섶 위에 마른 땀 흘리면서
한 줄기 바람 따라 노숙하는 입덧마냥
그리운 이름을 헤며 윗도리를 벗어 건다
느리게 뛰는 맥박 내가 나를 의지한 채
골다공 낡은 관절 스스로를 증언하며
어느 날 주어진 독거 검불처럼 다독인다

주인 주主
—파자·41

물처럼 살아온 날 내가 나를 돌아본다
종종걸음 멈추고 중심을 잡아본다
혼자서 맴을 돌다가 헛발질 돌을 차고

사는 일이 아파서 돌아보지 않으려다
보일 듯 보이지 않는 내가 나를 보며

어둠을 밝히는 불빛
맑은 쉼표 찾아내어

나를 본 내가 마음에 등(丶)을 달고
저만치 빛이 되어 가슴을 쓸어보면
내 속에 나를 그리는 바람도 숨죽인다

가을 아침
소록도
마당과 오후
초승달
모래시계
찔레꽃
물속 풍경

석성환

2003년 《한국문인》 시조, 2012년 《아동문예》 동시조, 2014년 《유심》 문학평론 등단. 시조시집 《모래시계》, 저서 《한국 현대시의 현상적 미학》 《선시조禪時調에 나타난 공空과 불이不二》

가을 아침 외6

석성환

하늘빛
끄트머리
찬 이슬
받아 물고

발갛게 살을 섞어
아득히 나앉으면

밭머리
까치 한 마리
죄어드는
저 눈빛

소록도

두 뺨에 긴긴 눈물
세상을 감금한 채

조막손
하얀 울음
먼바다
휘감으면

할머니
푸른 손사래
물이 드는 저녁놀

마당과 오후

마당은 어귀에다
나무를 세워놓고

균형을 잡기 위해
새 한 마리
올려놓는다

그 사이
제 몸을 낮추며
따라 도는
하얀
구름

초승달

노오란
부메랑이
구름 속을
날고 있네

여백을
물들이며
어,
산을
넘어가네

어릴 적
날리어 보낸
구부러진
꿈 하나

모래시계

투명한
몸속으로
낱낱이
추락하다

구멍 난
천장으로
세상이
멈춰 서면

시간은
녹초된 나를
또 뒤집어
세웠다

찔레꽃

봄 그늘
살폿 기댄
오롯한 언덕배기

가시 끝
살점마다
바람결 옴씰대는

찔레꽃
하얀 별자리
깜박이는 눈빛들

물속 풍경

곧추다
놓아버린
꽃가지
붉은 나절

잠자리
한 마리가
물속을
날아가면

세상은
또 술렁인다
물구나무
선 채로

손 증 호

먹자 시대

요지경

쓱싹

사랑의 기울기

서운암 장독대

좌우지간에

주객전도

경북 청송 출생. 2002년 《시조문학》 신인상. 이호우시조문학상 신인상, 부산시조작품상, 전영택문학상, 나래시조문학상, 성파시조문학상 수상. 부산시조시인협회 회장 역임. 시조집 《침 발라 쓰는 시》 《다시, 봄》, 단시조집 《불쑥》, 현대시조 100인 선집 《달빛의자》 등

먹자 시대 외 6

손증호

공자는 뒷방 차지 맹자도 두문불출

노장자 은둔하자 바야흐로 먹자 시대

세상은 먹방에 빠져 먹고 먹고 또 먹고

요지경

남의 눈 티끌 모아
태산처럼 키운 심보

제 눈의 들보는
스리슬쩍 들어낸 후

시치미
뚝 떼고 앉아
내로남불 경을 왼다.

쓱싹

길 잘든 싸리비로 마당 쓱 쓸라치면

빗자루 지난 자리 자국만 곱게 남고

모든 게 싹 사라지네

잘 살아온 인생처럼

사랑의 기울기

비가 쏟아질 땐
사랑이 더 잘 보이지

내 어깨 젖더라도
그대 꼭 지키려는

눈길이 머문 쪽으로
우산이 더 기울기에

서운암 장독대

솔바람
톡, 톡, 톡
움 돋는 좋은 봄날

스님 닮은 장독들이
양달에 모여 앉아

한 생각
푹 우렸는지
그 둘레 다 환하다.

좌우지간에

오른손이 쌓은 탑을 왼손이 허물고
왼손은 내미는데 오른손이 뿌리친다며
눈에다 쌍심지 켜고 주먹 불끈 쥐지 말고

왼손이 비었을 땐 오른손이 채워주고
오른손이 아플 때는 왼손이 감싸주며
미운 정 고운 정 더해 오순도순 살면 되지.

주객전도

이름이 모기장이면 이 몸이 주인 분명한데
술 취한 저 밉상 넉장거리로 드러누워
푸우, 푸 코 고는 소리 주인 행세 같잖다
고리高利에 빚을 낸 빚쟁이가 저럴까
손 홰홰 젓는 행패 어찌나 심하던지
이저리 피해 다니다 목숨 겨우 부지했네
제 집도 아니건만 제 집인 양 설쳐대는
저놈의 막무가내 어쩌면 좋단 말인가
힘없어 당하는 설움에 밤새 앵, 앵, 울었네.

심석정

세상에, 세상에
서운암에 가면
나도 꽃
항아리
하현
물푸레나무를 읽다
암각화를 열다

창원 출생. 2004년 계간 《시조문학》 등단. 이호우·이영도시조문학상 신인상, 성파시조문학상 외 수상. 시조집 《향기를 배접하다》《물푸레나무를 읽다》《따뜻한 배후》. 울산시조시인협회장

세상에, 세상에 외 6

심석정

꽃밥 한 상 차려놓고
주인은 뵈지 않네

상다리가 약한 건지
휘어질 듯 넘치는 상

물 말아 밥을 드시나
강물 위에 훨훨 꽃밥

서운암에 가면

통도사 서운암 뜰엔 배불뚝이 옹기가 산다
떡 벌린 큰 입으로 하늘 성큼 베어 문 채
곰삭은 시간이 쿵쿵 배냇짓을 하고 있다

이승 저승 다리 놓는 천필만필 모시 삼베
오색 물빛 곱게 들여 바지랑대에 널고 있는
노스님 등 굽은 몸짓이 허위허위 춤을 춘다

감로수 목 축인 햇살 산그늘 업고 나서는 길
풍경 소리 독경 소리 은근슬쩍 계곡물 소리
쪽물 든 손톱 밑 반달 비스듬 하늘에 걸고

가만히 옹기 옆에 키를 낮춰 앉아 본다
빈 만큼 차오르는 무욕의 푸른 바람
채우고 비우는 법을 그는 먼저 알고 있다

나도 꽃

흐드러진 벚나무 아래
국화꽃 활짝 폈다

틀니 뺀 할머니 한 분
빵틀 옆에 앉는다

뜨겁게 익은 꽃끼리
호물호물 웃는다

항아리

결 고운 황토 흙에 정갈한 물을 붓고
그대 그리는 맘 둥글게 사려 담아
손금에 쌓인 세월도 무늬 새겨 넣습니다

무른 듯 설익은 나도 불가마에 던집니다
서서히 불이 달면 잿빛 어둠 엷어지고
단단히 옹근 매무새 새 목숨을 받습니다

옷섶을 여며 앉아 먼 하늘 우러릅니다
내 살 속 출렁이는 아픈 생애 헹군 자리
정화수 항아리 가득 맑은 빛을 냅니다

하현

넘치도록 채운 금광을

누가 또 채굴 한다

야금야금 파 들어가

들키지도 않는지

통째로 파먹힌 달빛

실오라기 붙든다

물푸레나무를 읽다

아마도 너는 전생에 지중해였던 게다
무수하게 반짝이는 저 푸른 물 조각들
물푸레, 길게 부르면 온몸으로 출렁이는

초록의 씨알들이 눈을 뜨는 골짝으로
그 바다 넓은 품을 온통 다 지고 와서
그것도 짙은 쪽빛만 뼛속까지 끌고 와서

전생에 너는 아마도 지중해 파도던 게다
바람도 물빛 바람 온 산맥을 휘감고 와
환골을 다 끝낸 바다, 눈부시다 푸른 전언

암각화를 열다

반구대 서쪽 기슭에 한바다가 들어왔네
그 바다 얼마나 큰지 선사先史를 다 품었지
달빛이 산하를 열어 백련구곡* 길을 내는

저 돌문 열고 들면 나도 신화 속의 사내
펄펄 끓는 심장을 꺼내 돌칼날에 벼려놓고
때로는 피리 소리도 먼 하늘에 실었지

해 뜨면 협곡을 따라, 달이 뜨면 물길 찾아
시퍼런 담금질로 달궈놓은 생을 바쳐
부싯돌 타는 불빛에 맨몸뚱이 조아리며

전리품을 싣고 오는 전사의 노래인가
격정인 듯 포효인 듯 나팔 소리 앞세우고
포경선 쪽배를 저어 새 바다를 열겠네

*반구대 암각화와 천전리 각석이 있는 대곡천 주변의 아름다운 구곡九曲 경관. 반계구곡磻溪九曲의 일부는 사연댐에 수몰됐고, 상류 수몰지인 백련정을 중심으로 이루어진 백련구곡白蓮九曲은 대곡댐 건설로 사라졌다.

오영민

언덕
자목련
나비가 꾸는 꿈
묵은지
오래된 시집 한 권
냉이꽃
갈매기의 꿈

2010년 《국제신문》 시조 등단. 한국문인협회. 한국시조시인협회. 경남문인협회. 경남시조시인협회. 오늘의시조 회원

언덕 외 6

오영민

가만히 불러보면 일어나서 올 것 같은
용강리 64번지 언덕배기 섬돌에는

어머니 구부정해진
닳은 구두 놓여 있다

빳빳하던 신발 바닥 깎아 먹은 모진 길
그 시간 못이 되어 생채기에 박혔는데

얇아진 구두 뒷굽이
언덕을 또 낳았다

내 미처 그때는 뜨거운 줄 몰랐지만
뙤약볕에 나앉은 아이 등을 볼 적마다

저 등이 내가 넘어야 할
언덕임을 생각한다

자목련

겨울 비운
장경각
고즈넉한 내 뜨락에

한 줄의 경전 같은
자목련이 피고 있다

만행을
떠났던 봄빛이
밀밭 건너 오고 있다

나비가 꾸는 꿈

덧없이 날아서 꽃잎 위에 앉는 날은
가벼울 때가 더 많은 지갑을 열어놓고
몇 장의 꽃잎을 담아 배부른 생각을 한다

립스틱은 새빨갛게 거짓말을 찍어내고
훔치고도 싶었던 욕망이란 숫자 앞에
마법의 날개를 펴고 훨훨 날고 싶었다

꽃밭은 화려해서 숨을 곳은 더 없지만
망각의 덫을 풀고 깨달은 비행의 목적
희망이 꿈틀거리며 수직의 길 열어준다.

묵은지

그 손맛 닮아가는데 마흔 끝이 따라왔다.
잘 버무린 길 위에서 몇 번을 흔들렸는지
물 말아 먹는 밥 위로 끝내 삼켜버린 눈물

잘 삭은 침묵의 시간 손끝에서 물들고
먹고 사는 일들이 시큼하게 익어갈 즈음
붙잡고 놓지 못했던 시린 날의 골마지들

오래된 시집 한 권

오래된 시집 한 권 빛바랜 생을 읽는다
오기로 한 빗줄기는 끝내 흐리다 말고
갈피엔 은행잎 하나 세월만큼 노쇠하다

닿으면 부서질 듯 견뎌온 하루하루
겉표지에 '홀로서기' 불면의 밤을 넘기면
아무도 알지 못했던 도려낸 상처 몇 장

가끔은 삶이 무거워 오롯이 놓아두고
발걸음만 이곳저곳 머뭇대다 돌아오면
살아야, 했던 이유가 빨랫줄에 펄럭인다

냉이꽃

그 겨울 묵정밭에
밟힌 자국 선명한

냉이꽃 하얀 웃음에
가슴 철렁 내려앉는다

아프다
말을 못하고
떠난 엄마 데려온 봄

갈매기의 꿈

닻 내린 뱃머리 끝 수평선이 걸려 있다
알몸의 조개더미 속 숨어드는 갯바람에
뉴스는 어제와 오늘 세상 주름 일러주고

사는 일 쉽지 않다고 말로 하면 모를까 봐
딸아이 교복 치마 주름을 펴는 아침
덜 지운 얼룩 하나쯤 좌표처럼 남겨둔다

그 누가 자식 두고 주름질 일 하겠냐만
모래톱 쌓인 발자취 그 쓸쓸한 자화상
등대는 은빛 물결 위 외줄 타기 한창이다

우영옥

꽃의 자세
잊히는 날에 대하여
고마, 고마리 피듯이
움
물의 꿈
겨울, 변명
'우리'라는 말

경남 마산 출생. 2000년 《문예한국》 신인상 등단. 경남시조문학상 수상. 시조집 《저녁밥상》. 가락문학회장

꽃의 자세 외 6

우영옥

찾는 이 뜸할수록

문 닫는 날 늘어가고

변두리 빈 사무실

선인장도 버티는 중

줄기 끝

매달린 꽃순

제 먼저 말랐다

잊히는 날에 대하여

오래된 양판들에 시간이 멈춘 찻집
보기 드문 익숙함 갈피갈피 쌓여 있어
하매나 잊었을 테지
펼쳐본다 그 한때

몇 바퀴나 굴러온 쟁여둔 묵은 날들
바스라질 추억은 기막히게 흐르고
그랬니, 뜨거운 되물음
마른 꽃잎 띄운다

고마, 고마리 피듯이

너거는 모를끼라, 고마리 피었는데
물살에 쓸려버린 코고무신 그 한 짝
징검돌 지나치면서
어지럽게 수를 놓던

행여나 잡으려나 헛딛은 발끝마다
오래된 흙물살은 신들신들 일어나지
층층이 포개어 쌓인
오만 가지 흔적들

이제는 매끈하네 허투루 건너던 길
물길에 젖어 있는 꽃그늘 넘어서며
아직도 섣부른 걸음
고마, 고마리 피듯이

움

바람이 멎었다 겨울이 저문다
눈 비비고 나서는 이른 숨의 흔적들
드디어 실눈을 뜬다 곳곳에서 솟는 움

언 땅 뚫고 일어서는 속살 여린 보리 순
어쩌면 숨겨 놓은 오래된 이야기
감았던 눈을 뜨고서 하나씩 세어본다

물의 꿈

언제나 내리뜬 눈 갈 길 잡아 흐르지
볕 좋은 길목에선 오랜 벗 슬쩍 만나
지나온 한 시절 풀어 교대로 적셔가며

분별 좋은 이들의 일상에도 스며들어
투명한 가슴 깊이 숨겨둔 말 알릴 터
원컨대 거리낌 없이 뜻한 대로 가거라

숨 막힐 높이까지 치솟는 건 꿈 밖인데
때로는 허공으로 솟구쳤다 무너져도
흩어진 꿈 조각 모아 상처 딛고 다시 서지

겨울, 변명

아직은 아니라고 손사래 바쁘더니
가지 덮은 눈꽃도 어느새 녹아내려
허접한 흔적들만이
부끄럽게 늘어섰다

목소리 힘주어서 늘어놓던 선약은
타작 후 바깥마당 뒹굴던 콩깍지,
알맹이 털어내 버린 허울 좋은 말장난

뒷모습도 가끔씩 돌아볼 줄 알아야지
빈 들판 바람 같은 흰소리는 멈추라
차근히 봄을 기다리며
참말 가려 듣는 중

'우리'라는 말

향기가 느껴지는 말 한 마디 나눈다
오랜 통증 굳은 마디 어혈이 풀리고
훈풍이 슬몃 이는 곳 '우리'라는 말 속에는

철저한 이방인도 풀어지는 온화함
외길 걷다 지쳐도 돌아보면 더불어
낯선 듯 익숙해지는 '우리'라는 말 앞에서

참을 인忍 새겼어도 아픈 자리 넓어질 때
약침 한 방 맞으면 다시 서는 오뚝이로
반가운 믿음의 말이 '우리'라는 그 말이다

추창호

산노을
아름다운 공구를 위하여 · 2
그리움
풀꽃 마을
운명
길 · 4
손

1996년 《시조와 비평》 신인상, 《부산일보》 신춘문예 및 《월간문학》 신인작품상. 성파시조문학상, 한국문협작가상, 나래시조문학상, 김상옥백자예술상, 울산문학상 등 수상. 울산시조시인협회·울산문인협회 회장 등 역임. 시조집 《풀꽃 마을》 《길은 추억이다》 《풀꽃은 또 저리 피어》 《거목의 그늘》 등

산노을 외 6

추창호

내 고향 물빛 하늘
묵필로 듬뿍 찍어

울 엄니 가슴 같은
산마루를 그려보면

화선지 한 폭 가득히
번져가는 그리움

아름다운 공구를 위하여·2
―펜치

힘 벅찬 삶의 질량
꺾이고 휘인 날들

등허리 한 번쯤은 펴고도 살아야지

꽉 다문
어금니 소리
녹슨 과거 절단한다

그리움

훌훌 가슴 털어
수평선을 바라보면

아슴한 고향 집이
파도에 실려 오고

그 언덕
들꽃 한 아름
포말처럼 흔들린다

풀꽃 마을

밟아 오른 세속의 품계 음계가 되지 못하고
베고 베인 상처로 뒤척이는 길에 서면
초대를 받지 않아도 가고 싶은 마을 있다

습하고 외진 터도 은총처럼 축복처럼
몸 낮춰 어우렁더우렁 다복솔같이 모여 사는
쇠비름 금강아지풀 애기똥풀 깽깽이풀

저마다 켜 든 꽃불 타올라서 절창이 되고
그 소리소리 모여서 천상의 화음이 되는
한 번쯤 뿌리내려서 살고 싶은 마을 있다

운명

손금으로 펼쳐놓은 길들이 눈을 뜬다
풀꽃의 웃음이 남은 길의 들머리도 보이고
위대한 천재가 되고픈 치기 어린 날도 보인다

꿈이 꿈을 불러 한껏 부풀던 열정 사이
초콜릿 같은 길이 불쑥불쑥 일어서고
그 향취 취해서 걷던 파노라마 같은 길

수많은 결별의 아픔 감내하고 떠난 후에야
나를 만들고 끝내 내 길이 되고 만
거슬러 오르려 해도 거스르지 못한 그 길

길·4

여기서 저기까지 멀고도 가까운 길
그대와 손에 손잡고 유쾌하게 걸어간다
길들이 펼쳐낸 얘기 귀도 기울이면서

그러다 문득, 명치끝 아려오는 생각 하나
블랙홀 속으로 너와 내가 사라진다면
둘이서 걷던 이 길을 누가 기억할 것인가

그래도 인생은 살 만한 무엇인 거
한 소절 노래가 모여 음악이 된다는 걸
저 길섶 풀꽃은 알고 또 꽃을 피우는 게다

손

저승꽃 피어 있는 작달막한 손을 본다
시도 때도 없이 밀려오던 세파들
두 주먹 꽉 움켜쥐고 맞장 뜨던 길도 보인다

외줄기 희망의 끈 붙잡기도 힘겨운 날들
그래도 애면글면 버텨온 저변에는
또 천년 살아도 변치 않을 사랑이 있었다

눈물 없이 바라보는 세상이 어디 있으랴
어제의 고난이 오늘의 길이 되는
손등에 새긴 문양이 꽃잎인 양 반짝인다

알콩달콩 써 내려간 인생이란 저 서책
읽고도 또 읽어보는 인기리의 소설 같은 거
타는 놀 고운 자락이 두 손 가만 껴안는다

하순희

어머니 설법
비, 우체국
천주산 진달래꽃
조장鳥葬
지리산 일기
팔만대장경
로또 방송을 보며

경남 산청 출생. 1989년 《시조문학》 천료, 1990년 《한국아동문학연구》 동시조 신인상. 1991년 《경남신문》·1992년 《서울신문》 신춘문예 시조 당선. 경남시조문학상, 중앙시조신인상, 성파시조문학상, 경남아동문학상, 현대불교문학상, 이호우이영도문학상, 반야불교문학상, 창원시문화상 수상. 경남시조시인협회장, 한국시조시인협회 부이사장, 오늘의시조 부이사장 역임. 시조집 《별 하나를 기다리며》, 100인선 시조선집 《적멸을 꿈꾸며》, 《종가의 불빛》, 단시조집 《청자 화병》, 동시조집 《잘한다 잘한다 정말》 등

어머니 설법 외 6

하순희

내 몸에 상처 진 것들 뜨락에 꽃으로 핀다
발목 걸고 넘어지던 무수한 일들도
생명을 실어 나르는 나뭇가지 물관이 되어

"한세상 살다보믄 상처도 꽃인기라
이 앙다물고 견뎌내믄 다 지나가는기라
세상일 어려븐 것이 니 꽃피게 하는기라

그라모 니도 모르게 다아 나사서
더께져 아물어진 헌디가 보일기다
마당가 매화꽃처럼 웃을 날이 있을기다"

비, 우체국

난 한 촉 벌고 있는 소액환 창구에서
얼어 터져 피가 나는 투박한 손을 본다
"이것 좀 대신 써 주소, 글을 씰 수 없어예"
꼬깃꼬깃 접혀진 세종대왕 얼굴 위로
검게 젖은 빗물이 고랑이 되어 흐른다
"애비는 그냥저냥 잘 있다. 에미 말 잘 들어라"
갯벌 매립 공사장, 왼종일 등짐을 져다 나르다
식은 빵 한 조각 콩나물 국밥 한술 속으로
밤새운 만장의 그리움, 강물로 뒤척인다
새우잠 자는 부러진 스티로폼 사이에
철 이른 냉이꽃이 하얗게 피고 있다
울커덩 붉어지는 눈시울,
끝나지 않은 삶의 고리

천주산 진달래꽃

우짜라고 우짜라고
에나로 우짜라고

이리도 가슴 활활 불태우고 있노?

봄빛에
마음 기증할
박물관도 없는디

조장鳥葬
―어머니

마음 쓸쓸히 헐벗은 날
그 목소리 들린다.
잘 있제? 잘 하제?
푸른 울타리로 살거라
핑 도는 눈시울 너머
떠오는 맑은 하늘

내 죽으믄 무덤 만들지 말거라
말짱 태워서 곱게 가루 내어
찹쌀밥 고루 버무려 새한테 주거라

때 없이 헛헛해 오는 저린 손을 비비면
바람 소리 물소리 선연한 풍경 소리
깊은 뜻 새소리로 남아
젖은 길 날아오른다

지리산 일기
―생 일

부모님 다 떠나시고
텅 빈 내 곳간

땅심 맡은 무논의 벼
한창인 유월 산하

하얗게
어루어 주는
허기진 찔레꽃 향기

팔만대장경

까맣게 잊고 있던
사람들이 다가온다

"웬 빨래판이 그렇게 많노?"
묻고 있는 풀 앞에

마음을 세탁하라며
나뭇가질 흔든다

로또 방송을 보며

무심코 돌린 채널 "쏘세요, 하나, 둘, 셋"

되돌아 가고픈 시간
카운트 하고 있는

한평생
그대에게 나는
횡재였나
등짐이었나

| 평설 |

시조미학, 의식이 있는 현상

석성환

| 평설 |

시조미학, 의식이 있는 현상

석성환

　시조시형이 갖는 3장 구조라는 정형에서 각 장은 상호간에 시적 연관성을 견인한다. 시조시형의 정형적 구조는 대상이 갖는 어떤 성격에 의해 시적 주제가 드러나게 된다. 즉 시조시의 발상은 형식적 장치 이전에 어떤 구조적 특성의 산물을 잉태한다. 이는 시조시형만이 갖는 특유의 구조가 존재하는 것에 대한 믿음이기도 하다. 그렇다면 시조시형이 갖는 어떤 틀의 구조는 과연 무엇일까. 그것이 하나 이상의 시상에 대한 흐름을 제어하는 구조라면 더욱 그렇다. 이는 형식적 장치에 어떤 차원의 매개과정이 수반될

수도 있음을 말해준다. 시조시형이 갖는 정형성의 틀은 시적 사고의 흐름에 있어서 대상에 기인한 관계인식의 시적 의미를 추구하는 단계로 이해된다. 모든 존재, 즉 제법은 현상을 가지며 또한 언어 자체도 그 현상의 드러남이기 때문이다. 이는 시작 형태의 작용이 최소 언어에 의한 최대 의미를 지향한다는 점에서도 그렇다. 시조시형은 3~4음절로 구성된 하나의 음보가 최소단위의 구조가 된다. 즉 하나의 음보는 시조시형의 형태적 최소 단위를 추구한다. 그리하여 두 개의 음보가 대응작용에 의해 의미론적 단위를 달성하게 된다. 시조시형의 3장 구조는 두 개의 음보가 반복되어 구성됨으로써 하나의 구와 장을 이루게 되는 셈이다. 그리하여 하나의 장은 의미론적 자족성이 확보됨으로써 초장과 중장, 중장과 종장이 각각 상호간에 긴밀한 시적 관계를 생성하게 된다. 시조시형의 특징이란 일반 시가의 속성과는 차별화된 관계 지향성을 갖게 된다는 점이다. 이러한 관점에서 몇몇 시조시편을 읽어보고자 한다.

혀 같은 새순 나와
톱니가 되기까지

> 한 생을 엎드린 채
> 푸른 별을 동경했다
> 서릿발
> 밀어 올리는
> 조선의 저 무명 치마
>
> ─김덕남, 〈냉이〉 전문

이 시조시편의 초장에서는 '봄철에 돋아나는 새순'을 대상으로 제시하고 있다. 중장에서는 "혀 같은 새순"이 "톱니가 되기까지"라는 '냉이'의 삶을 "한생을 엎드린 채"라며 그 성격이 구체화된다. 봄철에 돋아나는 "새순"이 지닐 수 있는 수많은 현상 가운데서도 '냉이'와 관계를 맺음으로써 대상의 성격이 존재현상으로 드러난다. "혀 같은 새순 나와"라는 자연적 현상이 "한생을 엎드린 채/ 푸른 별을 동경했다"라며 의식이 있는 현상으로 승화된다. 전체 국면은 "서릿발/ 밀어 올리는"에서는 단지 '냉이'의 강인한 생명력을 표현한 것처럼 보인다. 하지만 "새순 나와/ 톱니가 되"는 깃꼴겹잎 형상을 "조선의 저 무명 치마"로 승화하면서 '냉이'의 삶 그 자체를 현상적 의식의 미학으로 형상화한다.

젖내 문득 그리운 날 위양못 찾아간다
물속 하늘 날아가도 젖지 않는 백로 날개
높아서 더 깊어지는 새의 길이 보인다

신음도 진통제도 흘려보낸 못물 아래
푸드덕 깃을 치며 손 흔드는 고운 엄마
낮아서 더 넓어지는 물의 길을 읽는다

―김덕남, 〈위양못〉 전문

　첫째 수 초장에서는 '엄마가 그리울 때면 찾아가는 위양못'을 대상으로 제시하고 있다. 중장에서는 엄마가 그리워 위양못 찾아가면 그곳엔 '백로가 날고 있는 현상'으로 대상의 성격이 구체화된다. 그리움에 동화되어 못내 '찾아간 위양못'이 가질 수 있는 여러 가지 현상 가운데 '백로'와 관계를 맺음으로써 대상의 성격이 선명하게 드러난다. '백로'가 날고 있는 모습이 '위양못'에 비추어짐으로써 "젖내 문득 그리운 날"이 "물속 하늘"에 반영된다. 이러한 시적 구조는 중장이 초장에서 제시된 대상을 관계성에 의해 구체화하고 있다. 이는 종장에 와서 "새의 길"과 "물의 길"이 지향하는 삶의 자세를 견지하는 의미로 귀착된다.

그리하여 "높아서 더 깊어지는"과 "낮아서 더 넓어지는" 의식이 반영된 현상으로서 시적 미학을 담아내고 있다.

> 고운 어둠 날개 달고 구순해진 목소리로
> 천주산 시인께서 달 보라며 전화했다
> 쉼표로 다가온 어조 깊은숨을 몰아쉰다
>
> 낮과 밤 경계에서
> 변치 않는 마음으로
>
> 조붓해진 능선처럼 빗장을 풀어놓고
> 물무늬 촉촉이 젖은 초사흘 달을 보며
>
> 과부하 걸린 시심 쉬어가라 손짓하듯
> 가로수 가장자리 빼쪼롬이 보인 얼굴
> 여유를 갖고 살아라. 묵언으로 다가온다
> ―김복근, 〈달빛 전화〉 전문

첫 수 초장에서는 '달빛 전화의 목소리'를 대상으로 제시하고 있다. 중장에서는 '달빛 전화의 목소리'가

"천주산 시인께서 달 보라며 전화했다"로 대상의 성격이 구체화된다. '달빛 전화'의 "구순해진 목소리"가 지닐 수 있는 수많은 상황 가운데서도 '달'과 관계를 맺음으로써 그 성격이 투명하게 드러난다. '초사흘 달'은 초저녁에 잠깐 동안만 얼굴을 보였다가 이내 숨어버리는 현상 그 자체로 표상된다. "초사흘 달"의 '달빛 전화'는 "묵언으로 다가"오지만 "쉬어가라 손짓하"는 "여유"로 빛나고 있다. 그리하여 "어둠", "낮과 밤", "능선"에 대응한 "시심"이 다시 "묵언"으로 되감는 의식이 있는 현상의 미학으로 승화된다. '달빛 전화'의 발단은 "여유"를 지향한 "묵언"으로 감지되는 국면으로부터 되살아난다. 또한 "빗장을 풀어놓"기 시작하면서부터 "과부하 걸린 시심"을 지워가는 "여유"로 관계성이 연상되는 국면이기도 하다. 이러한 관계성에 의한 연상 작용은 "쉼표"와 "물무늬"에 반추되면서 "여유"가 갖는 묘오를 일깨운다. 화자가 갖는 "여유"의 이면으로 새겨진 "빗장"은 "깊은숨"으로 형상화되면서 '달빛 전화'의 "구순해진 목소리"로 일갈된다.

허둥대지 말거라
눈꿈뻑하모 지나간다

살다보모 다알끼다 한쪽귀로 흘리삐라

아부지
나이쯤되모 절로알게 될끼다

—김복근, 〈달관〉 전문

　초장에서는 '삶의 무상함'을 대상으로 제시하고 있다. 중장에서는 삶의 무상이야말로 '살아가면서 알아차리게 될' 무거운 현상들을 '내려놓아야 한다'며 대상의 성격이 구체화된다. 삶의 무상이 지닐 수 있는 여러 상황 가운데 '살다 보면 알게 되는 것들'과 관계가 이루어지면서 대상의 성격이 '달관'의 어조로 드러난다. "아부지/ 나이쯤되모 절로알게 될끼다"는 "살다보모 다알끼다 한쪽귀로 흘리삐라"를 이어받아 의미를 귀착하는 듯 보인다. 하지만 그때가 되면 '달관'의 경지에 이를 수 있음을 예견하는 지향적 의미로 귀결되고 있다. 위 시편에서처럼 시적 호흡의 길이가 짧으면 짧을수록 간결한 어조로 읽힌다. 이는 시조시형의 정형적 특성인 각 음보가 갖는 율독량의 동일성으로부터 기인한다. 인용한 시편은 단호한 어조로 일관하면서 시조시형이 갖는 시적 발화를 의식이 있는 현상적 미학으로 결속한 함축미를 잘 보여주고 있다.

> 남의 눈 티끌 모아
> 태산처럼 키운 심보
>
> 제 눈의 들보는
> 스리슬쩍 들어낸 후
>
> 시치미
> 뚝 떼고 앉아
> 내로남불 경을 왼다.
>
> ―손증호, 〈요지경〉 전문

초장에서 '알다가도 모를 인간성'을 대상으로 제시하고 있다. 중장에서는 "스리슬쩍 들어낸" 정체성을 형상화하면서 대상의 성격이 구체화된다. 알다가도 모를 인간성이 지니는 수많은 측면 가운데 역류의 정체성과 관계되면서 그 성격이 하나의 사건으로 드러난다. "시치미/ 뚝 떼고 앉아/ 내로남불 경을 왼다."는 그저 거스르기만 하는 정체성으로 진술되는 것처럼 보인다. 하지만 "남의 눈"과 "제 눈", "모아"와 "들어낸"이라는 대응 관계를 통해 '요지경'의 세상 이야기로 그 의미가 반전된다. 특히 "남의 눈 티끌"과 "제 눈의 들보"를 대응시킴으로써 "요지경"의 세상 풍경을 반추하고 있다. '요지경'이 갖는 알다가도 모를 현상에 대한 시적 구현은 화자의 의지가 인접된 산물이다. 이러한 시적 구현은 "태산"의 심연으로부터 "키운 심보"의 자극이 동반된 현상적 의식으로 환기된다.

솔바람
톡, 톡, 톡
움 돋는 좋은 봄날

스님 닮은 장독들이
양달에 모여 앉아

한 생각
푹 우렸는지

그 둘레 다 환하다.

—손중호, 〈서운암 장독대〉 전문

   초장에서는 '봄날에 잉태하는 자연현상'을 대상으로 제시하고 있다. "움 돋는 좋은 봄날"에 잉태되는 현상이 중장에서는 "양달에 모여 앉"은 인위적 현상과 대비되면서 대상의 성격이 구체화된다. "움 돋는 좋은 봄날"이 지닐 수 있는 수많은 현상 가운데 "스님 닮은 장독"과 관계를 맺음으로써 대상의 성격이 어떤 깨달음의 모습으로 드러나고 있다. "한 생각/ 푹 우렸는지/ 그 둘레 다 환하다"는 "장독들"에 담겨진 속성이 '환한 의식을 일깨우는 설법'으로 연상되면서 수행의 길을 반영한다. 이 시편에서 깨달음을 동반하는 데도 관념적이지 않게 되는 것은 그 깨달음 또한 사실성 위에 직조되기 때문이다. 이는 "움 돋는 좋은 봄날"과 "양달에 모여 앉아"는 비가시적 세계를 가시화 세계로 견인한다는 국면에서도 그렇다. 전체 국면은 "장독대"와 "그 둘레"에서 합장하는 공간으로의 회감을 풀어놓으며 절간의 풍경으로 고스란히 승화한다.

꽃밥 한 상 차려놓고
주인은 뵈지 않네

상다리가 약한 건지
휘어질 듯 넘치는 상

물 말아 밥을 드시나
강물 위에 훨훨 꽃밥

—심석정, 〈세상에, 세상에〉 전문

  초장에서는 '흐드러지게 피어 있는 꽃밭의 풍경'을 대상으로 제시하고 있다. 중장에서는 흐드러지게 피어 있는 꽃들의 풍경이 '상다리가 휘어질 듯'한 것으로 대상의 성격이 구체화된다. 흐드러지게 핀 꽃송이들의 무게감이 지닐 수 있는 여러 현상 가운데 "상다리"와 관계를 맺음으로써 그 성격이 사실적으로 드러난다. "물 말아 밥을 드시나/ 강물 위에 훨훨 꽃밥"은 자연적 섭리의 흐름에서 의식이 있는 현상적 의미로 귀착된다. 특히 '꽃밥'이라는 자연적 소재를 통해 의식이 있는 현상의 미학으로 한층 더 승화되는 국면이다. 전체 국면은 "세상에, 세상에"라는 반복어조에 의해 "휘어질 듯 넘치는 상"을 이어받은 "강물 위에 훨훨 꽃밥"의 의식이 흐르는 현상으로 피어난다.

> 흐드러진 벚나무 아래
> 국화꽃 활짝 폈다
>
> 틀니 뺀 할머니 한 분
> 빵틀 옆에 앉는다
>
> 뜨겁게 익은 꽃끼리
> 호물호물 웃는다
>
> ―심석정, 〈나도 꽃〉 전문

초장에서는 '국화꽃이 활짝 핀 풍경'을 대상으로 제시하고 있다. '벚나무 아래 활짝 핀 국화꽃'은 '할머니와 빵틀'의 형상화로 대상의 성격이 구체화된다. 벚나무 아래 활짝 핀 국화꽃이 지닐 수 있는 여러 측면 가운데 '할머니'와 '빵틀'에 관계를 지음으로써 그 성격이 고요하게 드러난다. "뜨겁게 익은 꽃끼리/ 호물호물 웃는다"는 순박한 삶을 이어가는 자연적 심상을 형상화함으로써 '나도 꽃'이라는 의식이 있는 현상적 의미로 귀결된다. 꽁꽁 얼어붙은 시간을 견디며 피어난 "국화꽃"의 현상과 이를 닮은 '빵틀 옆에 앉은 할머니'의 삶이 반추되면서 '나도 꽃'이라는 의식이 있는 현상으로 승화된다. 전체 국면은 "호물호물 웃는" 현상에서 '나도 꽃'이라는 의식적 미학을 그려넣음으로써 서로가 서로에게 "익은 꽃"이 되는 의미로 귀결된다.

    겨울 비운
    장경각
    고즈넉한 내 뜨락에

    한 줄의 경전 같은
    자목련이 피고 있다

    만행을
    떠났던 봄빛이
    밀밭 건너 오고 있다

―오영민, 〈자목련〉 전문

초장에서는 '이른 봄날의 뜨락'을 대상으로 제시하

고 있다. 중장에서는 이른 봄날의 뜨락에 '피고 있는 자목련'을 배경으로 대상의 성격이 구체화된다. '이른 봄날의 뜨락'이 지닐 수 있는 수많은 현상 가운데 '피고 있는 자목련'과 관계를 나타냄으로써 대상의 성격이 선가의 풍경으로 드러나고 있다. "자목련이 피고 있"는 모습을 "한 줄의 경전" 즉, 의식이 있는 현상으로 표상함으로써 "만행을/ 떠났던 봄빛"을 견인한다. 즉, "자목련이 피고 있"는 사실적 현상에 기대어 어떤 깨달음의 걸음으로 나아가고 있는 국면이다. 이러한 국면에서 "고즈넉한 내 뜨락"과 "자목련이 피고 있"는 현상 사이에 "밀밭 건너 오고 있"는 영상을 감아내고 있다. 전체 국면은 "떠났던 봄빛"은 애써 기다리지 않아도 "밀밭 건너 오"듯 의식이 있는 현상들의 조화를 형상화한 의미로 귀결된다.

그 겨울 묵정밭에
밟힌 자국 선명한

냉이꽃 하얀 웃음에
가슴 철렁 내려앉는다.

아프다

말을 못하고

떠난 엄마 데려온 봄

— 오영민, 〈냉이꽃〉 전문

초장에서는 '겨울을 이겨낸 묵정밭의 생명'을 대상으로 제시하고 있다. 중장에서는 '겨울을 이겨낸 묵정밭의 생명'이 '하얗게 웃음 짓는 냉이꽃'으로 대상의 성격이 구체화된다. "그 겨울 묵정밭"이 지닐 수 있는 수많은 섭리 가운데 '냉이꽃'과 관계를 지음으로써 그 성격이 강인하게 드러난다. 종장에서 "아프다/ 말을 못하고"는 초장 2구의 "밟힌 자국 선명"하다며 "그 겨울"을 회감하는 것으로 보인다. 하지만 "그 겨울"을 이겨낸 봄날 "묵정밭에"서 "냉이꽃 하얀 웃음"에 "가슴 철렁 내려앉"는 돈오의 자리로 승화된다. 전체 국면은 초장 2구의 "밟힌 자국"이 중장에 와서 "냉이"로 접속되었다가 다시 종장에서 "떠난 엄마 데려온 봄"이라는 의식이 있는 현상의 미학으로 귀결된다.

찾는 이 뜸할수록

문 닫는 날 늘어가고

변두리 빈 사무실

선인장도 버티는 중

줄기 끝

매달린 꽃순

제 먼저 말랐다

─우영옥,〈꽃의 자세〉전문

  초장에서는 '문 닫는 날이 늘어가는 현실'을 대상으로 제시하고 있다. 중장에서는 "문 닫는 날 늘어"간다"는 '변두리 빈 사무실에 홀로 버티며 서 있는 선인장'을 통해 대상의 성격이 구체화된다. "문 닫는 날 늘어가"는 상황이 갖는 여러 가지 측면 가운데 "빈 사무실"과 관계를 맺음으로써 대상의 성격이 사실적으로 드러난다. '꽃순부터 먼저 말라가는'에서는 그냥 생명이 시들어가는 현상처럼 보인다. 하지만 "찾는 이가 뜸"한 상황을 진술함으로써 의식이 있는 현상으로 표상된다. 발걸음이 호황으로 이어지던 시절로 회감되던 그 자리에 "찾는 이"와 "꽃순"을 교차시키며 '꽃의 자세'의 국면이 전환되고 있다. 그리하여 전체 국면은 '꽃의 자세'로 암시되는 의식이 있는 현상적 의미로 귀결된다.

> 바람이 멎었다 겨울이 저문다
> 눈 비비고 나서는 이른 숨의 흔적들
> 드디어 실눈을 뜬다 곳곳에서 솟는 움
>
> 언 땅 뚫고 일어서는 속살 여린 보리 순
> 어쩌면 숨겨 놓은 오래된 이야기
> 감았던 눈을 뜨고서 하나씩 세어본다
>
> ―우영옥, 〈움〉 전문

둘째 수 초장에서는 '속살 여린 보리 순의 첫 세상 보기'를 대상으로 제시하고 있다. "언 땅 뚫고 일어서는 속살 여린 보리 순"이 중장에서는 오래된 이야기를 감춘 채 의식이 있는 현상으로 대상의 성격이 구체화된다. "속살 여린 보리 순"이 "언 땅 뚫고 일어서는" 여러 측면 가운데 "오래된 이야기"와 관계를 지음으로써 대상의 성격이 숨죽이듯 드러난다. "이른 숨의 흔적들"은 "바람"이라는 공간적 현상과 "겨울"이라는 시간적 현상을 교차시키며 '움'으로 형상화된다. 여기서 관계성 속에 위치한 진술, 즉 "눈 비비고 나서는"과 "어쩌면 숨겨 놓은"에서 "오래된 이야기"가 내포한 의미가 감지된다. 그리하여 "드디어 실눈을 뜬다"와 "감았던 눈을 뜨고서"로 표상되면서 "곳곳에서 솟는 움"을 "하나씩 세어본다"라는 의식이 있는 현상적 의미로 귀결된다.

    내 고향 물빛 하늘
    묵필로 듬뿍 찍어

    울 엄니 가슴 같은
    산마루를 그려보면

    화선지 한 폭 가득히
    번져가는 그리움

—추창호, 〈산노을〉 전문

초장에서는 '고향에 대한 그리움'을 대상으로 제시하고 있다. 중장에서는 고향을 그리워하면 가장 먼저 떠오르는 '산마루 아래 울 엄니와 함께 살던' 곳에서 대상의 성격이 구체화된다. 고향을 그리워하는 여러 가지 사건들 가운데 "울 엄니"와 함께 지내던 "산마루"와 관계되면서 그 성격이 아침 햇살처럼 드러난다. "번져가는 그리움"이 가질 수 있는 여러 가지 성격 가운데 "내 고향 물빛 하늘"과 관계됨으로써 '산노을'이 갖는 성격이 드러난다. 즉 "내 고향 물빛 하늘"이라는 대상의 성격을 드러내기 위해 "산마루를 그려 보면"이라는 의식이 있는 현상으로 표상된다. 전체 국면은 "화선지 한 폭"이라는 "묵필로 듬뿍 찍"어 "번져가는 그리움"이라는 의식이 있는 현상의 세계로 환기된다.

> 훌훌 가슴 털어
> 수평선을 바라보면
>
> 아슴한 고향 집이
> 파도에 실려 오고
>
> 그 언덕
> 들꽃 한 아름
> 포말처럼 흔들린다
>
> ―추창호, 〈그리움〉 전문

초장에서는 '수평선을 바라보며 가슴 여미는 그리움'을 대상으로 제시하고 있다. 중장에서는 수평선을 바라보는 그리움이 '파도에 실려 오는 고향 집'으로 대상의 성격이 구체화된다. "수평선을 바라보"며 그리워하는 여러 측면 가운데 "고향 집"과 관계가 맺어지면서 그 성격이 "아슴하게" 드러난다. "그 언덕/ 들꽃 한 아름/ 포말처럼 흔들린다"는 "고향 집"이 있는 "그 언덕/ 들꽃 한 아름"의 풍경을 그리워하면서 '가슴을 훌훌 털어버리는' 심상으로 형상화된다. "포말처럼 흔들린다"라는 "파도"의 길을 "그 언덕/ 들꽃 한 아름"이라는 국면으로 전환한다. 그리하여 "훌훌 가슴 털어"낸 시간이 회감되는 "파도"와 "포말"의 현상적 의미로 귀결된다.

우짜라고 우짜라고
에나로 우짜라고

이리도 가슴 활활 불태우고 있노?

봄빛에
마음 기증할

　　　　박물관도 없는디

　　　　　　—하순희, 〈천주산 진달래꽃〉 전문

　초장에서는 '어찌할 수 없는 애타는 심정'을 대상으로 제시하고 있다. 중장에서는 애타는 심정이 '활활 불타고 있는 가슴'으로 대상의 성격이 구체화된다. 애타는 심정의 여러 가지 측면 가운데 "가슴"과 관계를 지음으로써 대상의 성격이 파도처럼 드러난다. 종장에서는 가슴을 불태우는 진달래꽃을 바라보며 오래도록 간직하고 싶은 의식이 있는 현상으로 피어난다. 특히 중장의 "이리도"가 초장의 "에나로"와 관계성을 가지면서 의식이 동행하는 시적 의미로 환기된다. 이는 초장에서 반복하여 강조를 이끌어낸 "우짜라고 우짜라고"가 갖는 발화의 지점으로 승화된다. 종장에서는 중장의 "가슴 활활"을 "봄빛"에 기대어 완화시킴으로써 천주산 아래 "박물관" 하나 그려보았으면 하는 현상적 의미로 귀결되고 있다.

　　　　부모님 다 떠나시고
　　　　텅 빈 내 곳간

땅심 맡은 무논의 벼

한창인 유월 산하

하얗게

어루어 주는

허기진 찔레꽃 향기

—하순희, 〈지리산 일기—생일〉 전문

초장에서는 '부모님을 뵐 수 없는 텅 빈 가슴'이 대상으로 제시된다. 중장에서는 텅 빈 내 가슴이 "땅심 맡은 무논의 벼"와 같은 심정으로 대상의 성격을 구체화한다. 부모님을 그리워하는 수많은 추억 가운데 "무논의 벼"와 관계가 이루어짐으로써 그 성격이 관조하듯 드러나고 있다. 종장에서는 "텅 빈 내 곳간"을 "어루어 주"는 "찔레꽃 향기"에 의해 회감이 반추되는 의미로 승화된다. 이는 또한 "텅 빈 내 곳간"이라는 선택된 현상에 대한 의식이 있는 현상으로 미학을 견인한다. 전체 국면은 "허기진 찔레꽃 향기"가 "지리산 일기"라는 의식적 현상의 국면으로 표상된다. '지리산 일기—생일'은 화자를 "하얗게/ 어루어 주"는 회감으로 감지되면서 "허기진" 시간적 역류를

"생일"에 견주어 현상적 의식으로 상승된다.

>   하늘빛/ 끄트머리
>
>   찬 이슬/ 받아 물고
>
>   발갛게 살을 섞어
>
>   아득히 나앉으면
>
>   밭머리
>
>   까치 한 마리
>
>   죄어드는/ 저 눈빛
>
>   ―석성환, 〈가을 아침〉 전문

이 시조시편에 대한 김복근 평론가의 해설을 인용하면, "각 연이 초·중·종장으로 구성되어 있다. 그리고 행 구분은 각 장章의 네 걸음을 보여주고 있다. 이러한 시적 구성은 리듬과 경이감을 이미지에 맞게 분절함으로써 현대적 시조의 묘미를 살리고 있다. '균형'은 시조미학의 또 다른 특징이다. 시조는 시적 압축에 의해 필요한 내용을 다 담아낼 수 있는 용량을 가지고 있다. 이 시편처럼 '네 걸음'으로 걸어가는 율격은 어느 한쪽으로 기울거나 치우치지 아니하여 안정감이 느껴진다.(…중략…) 이미지로 정황을 그려냄으로써 독자의 상상력과 미감을 자극하고 있다. 초장 1구의 "하늘빛"과 종장 4구의 "저 눈빛"은 대조되는 사물들을 서로 결합하거나 보충하여 안정된 긴장을 유지하면서 조화를 이루게 하는 공간적 배치를 보여준다."

노오란/ 부메랑이
구름 속을/ 날고 있네

여백을/ 물들이며
어,/ 산을/ 넘어가네

어릴 적/ 날리어 보낸
구부러진/ 꿈 하나

―석성환, 〈초승달〉 전문

역시 이 시편에 대한 김복근 평론가의 해설을 인용하면, "묘사와 설명이 적절하게 어우러지면서 시적 미감을 잘 살려주고 있다. 우리는 어렸을 때부터 '달'

을 보며 꿈을 키웠다. 달은 해와 달리 그 상징성과 상상세계에서 미묘한 서정적 반응을 유발한다. 초장에서 화자는 동심童心에 가까운 심상을 보여준다. 즉 하늘에 떠 있던 '초승달'이 "구름 속"으로 사라지는 모습을 보고 "산을/ 넘어가"는 "부메랑"을 연상한다. 인간의 사유체계가 과학화되면서부터 '달'은 신비의 세계로부터 멀어지게 된다. 그리하여 화자는 유년시절부터 꾸던 '꿈이 구부러져 부메랑'처럼 사라지고 있음을 아쉬워하고 있다."

의식이 있는 현상이라는 시적 미학을 통해 존재와 세계 혹은 자연이라는 대상과의 관계망 속에서 몇몇 시조시편을 정리해보았다. 이는 시조시형이 갖는 시적 본질에 대해 다시 점검하는 일이며 향유 방식에 대해 접근하는 일이기도 하다. 존재적 가치를 이해하려는 사고의 출발이 의식적 현상으로의 미학을 견인하는 자리에 시조시형이 있음을 볼 수 있었다. 자연과 인간이 둘이 아니라는 의식이 있는 현상의 관계성 지향이야말로 대상과의 긴밀함을 더욱 돋보이게 한다. 대상이 대상 그 자체로만 존재하는 것이 아니라 여러 측면과의 관계망을 통해 의식이 있는 현상의 미학으로 의미화한다는 점도 알 수 있었다. 지금 시대가 갖는 수많은 측면들이 관계성을 이루고 있음을 고려할 때 시조시형의 3장 구조는 우리 민족의 소중한 자산으로 이어져야 한다.

불 속의 연꽃
화중련 편집 동인

펴낸날	2025년 9월 9일
지은이	김덕남 외
펴낸이	오하룡
펴낸곳	도서출판 경남
주소	창원시 마산합포구 몽고정길 2-1
연락처	(055)245-8818, fax.(055)223-4343
블로그	gnbook.tistory.com
이메일	gnbook@empas.com
출판등록	제1985-100001호(1985. 5. 6)
편집팀	오태민 ǀ 심경애 ǀ 구도희
ISBN	979-11-6746-197-1-03810

© 김덕남 외

*잘못된 책은 바꿔 드립니다.
*저자와 협의 인지 생략합니다.

값 13,000원